Un grand merci à Caroline,
Emmanuelle et Maryvonne

Contes des quatre saisons

Olivier Desvaux

GRÜND

Joyeux
Anniversaire

Aujourd'hui, c'est l'anniversaire de Raoul !

Avec son ami Anselme, ils ont prévu d'aller cueillir des pommes.

Dès le premier chant du coq, Raoul saute de son lit et sort sur le perron.

La fraîcheur matinale réveille ses poumons.

– Hmmm… savoure Raoul en contemplant le paysage endormi.

Il se met aussitôt en marche et hâte rapidement le pas – est-ce à cause du froid ou de la joie de retrouver Anselme ?

Devant la porte de son ami, Raoul agite la cloche qui dort encore.

Anselme ne répond pas.

– Personne ! Absent ! s'exclame Raoul.

Lui faire ce coup-là le jour de son anniversaire !

Vexé, il décide d'aller seul à la cueillette des pommes. Il rejoint la montgolfière, s'installe et décroche les liens qui libèrent le ballon. Le cœur de Raoul décolle en même temps. Comme prévu, le vent l'emmène vers le verger où il peut cueillir les fruits à la cime des arbres.

En un temps record, il remplit plusieurs paniers
et s'apprête à croquer sa première pomme,
lorsqu'un coup de vent propulse le ballon
en direction d'une éolienne.
En une seconde, Raoul ne contrôle plus rien,
laisse tomber son fruit et se prépare au choc.

Vlam... Fllifff... Fllifff... Fllifff...

Le ballon s'est planté dans l'une des pales
et suit le mouvement perpétuel
de ce ventilateur géant. Raoul finit par se lasser
de ce manège et saute juste au bon moment
pour se rattraper au mât.
Il descend en glissade comme un pompier.

La sensation de ses pieds bien stables sur le sol procure à Raoul un soulagement immédiat. Il s'éloigne à grandes enjambées et constate, de loin, que son ballon – ou plutôt celui d'Anselme – ressemble à un petit pois planté dans une fourchette.
En général, quand Raoul visualise ce genre de tableau, c'est qu'il a faim !

Il traverse la forêt de bouleaux. Arrivé devant le restaurant de son amie Léa la musaraigne, il a un mauvais pressentiment...
Volets et portes fermés !
– Personne ! Absent ! s'exclame Raoul.

Lui faire ce coup-là le jour de son anniversaire !

Chez Léa

Raoul se met à «raouler»... Son ventre gronde également de colère, mais soudain se dessine dans ses pensées la fameuse tarte du dimanche... Vite ! À la ferme des Tissandier !

Pour s'y rendre, il faut traverser le fleuve.

Il va pouvoir raconter ses mésaventures à Victor le castor, qui s'occupe du traversier.

– Personne ! Absent ! s'exclame Raoul.

Lui faire ce coup-là le jour de son anniversaire !

Sans la poussée de Victor, le traversier est inutilisable.
Mais la faim donne du courage à Raoul : il va traverser à la nage.
Il se glisse dans l'eau jusqu'aux cuisses, s'arrête et hésite un instant.
C'est très froid ! Mais le courant décide à sa place
et l'emporte dans les flots. Raoul se débat et nage
à grandes éclaboussures jusqu'à l'autre rive.
Il remonte sur la berge, sain et sauf. Au moins, il n'a plus soif !

Raoul a ses habitudes chez Tissandier.

Le voilà déjà de l'autre côté du trou de la clôture.

Attention… danger !

Il s'agit maintenant d'arriver discrètement à la cuisine.

Une odeur de pommes caramélisées guide ses pas.

Sur le bord de la fenêtre, le gâteau est en train de refroidir.

Raoul salive. D'un bond, il se saisit de la tarte tiède,

l'emporte et se met à cavaler.

Mais sa course est stoppée net !

Face à lui, le gros fermier le vise avec son fusil.
Il décoche un sourire terrifiant... Pan !
Non, ce n'est pas la dernière heure de Raoul :
la tarte lui sert de bouclier.
Il reprend ses esprits plus vite que le Tissandier et lui passe
entre les jambes pendant que celui-ci recharge son fusil de gros sel.
Le cœur de Raoul bat fort. Ce n'est rien à côté des vociférations du fermier…
Une fois arrivé dans les bois et hors de portée,
Raoul ralentit progressivement sa course et cherche l'endroit
approprié pour déguster son repas si chèrement gagné.
Mais… Bekkk ! Raoul recrache aussi sec.
La tarte aux pommes mitraillée est plus salée qu'une morue séchée.

Le jour baisse, le moral de Raoul également.
Il est temps de rentrer pour abréger
cette journée d'anniversaire catastrophique.
Il se dirige vers le grand pré.
Un bain de rosée du soir l'attend.

Il arrive chez lui fatigué, affamé et désespéré !

Il s'affale sur son canapé.

La braise dans la cheminée respire encore.

Raoul se sent mieux.

Mais il est encore agacé en pensant à ses amis.

Ont-ils fait exprès de disparaître pour ne pas lui souhaiter son anniversaire ?

Vexé, il marmonne les défauts de chacun :

– Anselme ! Quel blaireau mal léché ! Léa ! Une musaraigne de mauvais goût, comme sa soupe. Victor ne fait aucun effort, sauf quand il dort. Et tous les trois réunis ne valent pas mieux qu'un...

« *Joyeux anniversaire !* »

Raoul se retourne, stupéfait. Tous ses amis sont là.
Ses yeux s'arrondissent comme des soucoupes
face aux trois farceurs qui grimacent de colère.
La soirée commence mal !
Heureusement, Raoul se fait vite pardonner
en cuisinant une délicieuse tarte aux pommes... sucrée !
Cette douceur apaise les esprits et les cœurs,
et, rapidement, l'anniversaire surprise
de Raoul devient une bonne blague
que les amis prennent plaisir à se raconter en riant...

On n'est jamais à l'abri d'une bonne surprise !

Parapluie d'hiver

Comme chaque semaine, Lucas a rendez-vous avec ses amis dans la clairière du Bois sans mousse pour improviser un jeu : cache-cache, balle au prisonnier, construction de cabane...
Il emprunte l'allée des hêtres sous une pluie glaciale.
Mais, peu à peu, le claquement des gouttes sur le parapluie laisse place à la douceur des flocons. La pluie devient silencieuse et son parapluie s'alourdit. Ses pas laissent des traces et crissent de plaisir dans la neige.

Au sortir de l'allée, Lucas aperçoit ses amis au centre de la clairière : Anselme le blaireau, Raoul le renard, Bérénice l'oie, Grégoire le sanglier et Lisanne l'écureuil.
La bonne humeur aussi est présente ! Ici, tout le monde aime la neige.
Lisanne va même jusqu'à la manger. Elle sait qu'elle aura mal au ventre, après, mais c'est tellement bon !

Avec ce froid, il ne faut pas perdre de temps à chercher un jeu…

– Un animal de neige ! s'exclame Lisanne.

– Non, il faut quelque chose de plus remuant, réplique Anselme.

– Une bataille de boules de neige ! glapit Grégoire.

– Non, ça se termine toujours mal, rétorque Anselme.

– De la luge ! s'écrie Lucas.

– Ouiii ! s'exclament-ils tous en chœur.

Anselme sait que ça se finira mal… mais c'est une très bonne idée.

– Mais comment va-t-on faire de la luge… sans luge ? s'inquiète Lisanne.

Effectivement, personne n'avait pensé à cela !

– Moi, je sais ! intervient Lucas, jamais à court d'idée.

Avec mon parapluie-luge !

Aussitôt, il retourne son parapluie
et fait une démonstration sur la première
pente venue. Cela marche à merveille.
Les amis s'échangent à tour de rôle la luge improvisée.
Mais évidemment, au bout d'un moment, Lucas finit par se lasser.
Il ferme son parapluie :
– Je connais une piste plus longue et plus pentue !
– Non, répondent en chœur Anselme et Bérénice. C'est très bien ici !
– Ce sera mieux là-bas, insiste Lucas.
Raoul, Grégoire et Lisanne ne sont pas contre un peu plus de sensations.
– De toute façon, c'est ma luge, c'est moi qui décide ! affirme Lucas.
Et il part avec ses complices vers les coteaux.

– Nous, on va rentrer au chaud et prendre un bon goûter,
crie Anselme pour se venger.
Il aperçoit au loin Raoul, Grégoire et Lisanne qui se sont retournés.
Sa réplique a fait mouche !
– Je pense qu'ils ne vont pas tarder à nous rejoindre, confie-t-il
à Bérénice sur le chemin du retour.

Lucas déploie son parapluie-luge au sommet de la nouvelle piste.
Elle surplombe la vallée et promet de fortes sensations.
Il s'élance le premier.
– Ouaahhh ! Trop fort ! se félicite-t-il.
Raoul, Grégoire et Lisanne essayent chacun à leur tour.
Mais ils ne sont pas très rassurés…
Au bout d'un moment, Lucas est de nouveau lassé. Il ferme son parapluie :
– Je connais une piste encore plus longue et encore plus pentue !
– Non, s'écrient d'une seule voix les trois amis. C'est très bien ici !
– Ce sera mieux là-bas, insiste Lucas. De toute façon, c'est ma luge,
c'est moi qui décide !
– Tu es vraiment une tête de mule qui veut jouer les têtes brûlées !
s'indigne Lisanne.

Mais Lucas l'ignore et s'en va seul, vers de nouveaux sommets, sous le regard de ses amis. Ces derniers ont hâte de rattraper leur retard sur le goûter. Ils pressent le pas et ne tardent pas à arriver chez Anselme.

Au seuil de la porte, une odeur de chocolat fondu annonce le délice à venir…

Ils sonnent et entrent, impatients. Dans l'obscurité soudaine, leurs pupilles mettent un certain temps à discerner trois chocolats chauds.

– Ils vous attendaient, et nous aussi ! s'exclame Anselme en les accueillant.

– Avec des biscuits, des brioches et de la confiture ! renchérit Bérénice.

Hum ! toutes ces saveurs réchauffent les fourrures et les cœurs.

Pendant ce temps, les jambes de Lucas tremblent d'excitation.
Il arrive au sommet. Il reprend son souffle et découvre la pente.
Cela lui procure un délicieux sentiment de vertige.
Obnubilé par la nouvelle piste, il ne regarde même pas
le superbe panorama qui s'offre à lui.
Il ouvre son parapluie-luge, le retourne et s'installe
avec précaution. Le regard fuyant dans la descente,
Lucas se met alors à douter. Mais, même s'il n'y a plus personne
pour l'admirer, sa fierté l'empêche de renoncer.
Il prend une grande respiration, comme un apnéiste
qui s'apprête à battre un record du monde, et s'élance…

L'après-midi s'écoule, rythmée par les rires des amis qui jouent aux cartes. La lumière du jour baisse.

– Lucas n'est toujours pas rentré, s'inquiète Lisanne.

– Il lui est peut-être arrivé quelque chose, renchérit Bérénice.

– Vous avez raison, les filles, lance Anselme. Allons à sa rencontre.

Tous quittent la chaleur du foyer à la recherche de leur ami intrépide.

– Lucas ! crie Grégoire.

– Pourquoi tu l'appelles ? l'interroge Raoul. Il n'y a aucune chance qu'il te réponde ici. C'est la plaine !

Anselme hoche la tête :

– Raoul a raison, il faut aller en haut de la colline. C'est la dernière piste que Lucas voulait faire. Il suffit de suivre les empreintes qu'il a laissées dans la neige, c'est facile !

Tous à la queue leu leu guettent les traces de Lucas.
Comme prévu, elles les mènent en haut de la colline.
– Il n'a tout de même pas osé s'élancer dans un tel à-pic ?
s'exclame Grégoire.
Pourtant si. Les amis observent l'empreinte du parapluie-luge
qui descend tout droit dans la pente. La trace zigzague, puis… une bosse…
et… plus rien ! Lucas s'est-il envolé avec son parapluie-luge ?

– Lucas ? crie à nouveau Grégoire.

Seul l'écho répond. Puis le silence
reprend sa place.

Soudain, l'odorat affûté de Raoul décèle une odeur de chien mouillé.

L'ouïe fine de Lisanne distingue un léger souffle qui fait gla-gla.

Et Grégoire, avec son œil aiguisé, découvre une truffe humide qui dépasse de la poudreuse.

Une petite voix se fait entendre :

– Gla-glya… quelqu'un ?

Lucas est enfoui au pied d'un sapin, qui s'est délesté de son manteau neigeux pour recouvrir entièrement le pauvre animal.

Ses amis le libèrent.

– Je… j'ai… volé avec mon… parapente… heu… pluie, et puis… bOum… sapin…

– Il est grand temps de le ramener au chaud, intervient Bérénice.

– Heureusement que ces histoires se finissent toujours bien, soupire Anselme.

Très vite, les amis secouristes ramènent leur copain de neige sur le parapluie-civière.

Les restes du goûter
ne tardent pas à réanimer Lucas.
Son poil sèche, ses pupilles brillent
et sa langue se délie.
Il peut maintenant remercier
ses amis et leur conter l'histoire
de sa descente vertigineuse :
– Je viens de découvrir les joies de la glisse !
En passant sur une bosse, je me suis envolé vers les cieux.
Heureusement, mon parapluie-luge s'est transformé
en parapluie-parachute. Je n'ai jamais connu plus grosse frayeur…
C'était génial ! Ça vous dit d'y retourner ?

L'entêtement est un terrain glissant.

Trop chaud, trop froid

Aujourd'hui, la symphonie des oiseaux et la danse des insectes signent l'arrivée du printemps. Les arbres déploient leurs feuilles vert tendre. Les fleurs font des sourires au soleil et égaient la nature de mille couleurs. Léo savoure ce spectacle qu'il redécouvre à chaque fois avec le même plaisir. L'hiver a été long pour lui en l'absence de ses copains, qui se sont isolés plusieurs mois afin de dormir au chaud.

Comme chaque année, il traverse la vallée pour aller réveiller Ursula, son amie l'ourse brune, qui finit son cycle d'hivernation. Il a attendu ce moment avec impatience ! Il crapahute une demi-journée pour atteindre sa tanière.

Léo pénètre dans l'antre sombre
pour secouer la dormeuse.

Mais… surprise : le lit est vide !

Un grognement dans son dos le fait sursauter.
Ursula apparaît à l'entrée. Elle a l'air de mauvais poil…
– Je n'ai pas fermé l'œil, grogne-t-elle. Le vol précoce
des oies migratrices annonçait un hiver rigoureux,
alors je me suis trop couverte pour éviter d'avoir froid.
Ma couette en plumes de canard : trop chaude !
Mon pyjama en soie : trop chaud ! Mes chaussettes
en laine de mouton : trop chaudes ! Par précaution,
j'ai aussi trop mangé et mis trop de bois dans mon poêle.
Pfff… Je suis fa-ti-guée ! Comment vais-je pouvoir
rattraper ces quatre mois de sommeil ?
C'est impossible avec ce bruit et cette chaleur !
Ursula est désespérée.

Léo remue son petit nez. Cela signifie qu'il réfléchit…
– Je ne vois qu'une seule solution. Il faut que tu partes dans le Grand Nord, le pays du froid et du silence.
– Oui, c'est une idée… Mais, là-bas, il n'y a que des ours blancs ! Vont-ils accepter une ourse brune ?

Léo se gratte l'oreille gauche – signe de grande réflexion.
– J'ai trouvé ! Si je te recouvre de peinture, tu deviendras une belle ourse blanche.
Léo a décidément réponse à tout.

Aussitôt, Ursula part chercher un pot de peinture blanche. Léo la maquille des pieds à la tête ; il est ravi d'aider son amie, mais, en même temps, un peu triste qu'ils soient à nouveau séparés pour plusieurs mois.

Ursula, elle, est excitée par ce voyage. C'est une aventure vers l'inconnu avec, à la clé, la promesse d'un sommeil au frais !

L'ourse blanche attrape son sac de voyage, embrasse Léo, le remerciant encore et encore, et disparaît dans la vallée à grandes enjambées.

Elle ne passe pas inaperçue en traversant les champs et les bois !

Elle est peut-être ridicule ici, mais, dans le Grand Nord, on la confondra avec la neige.

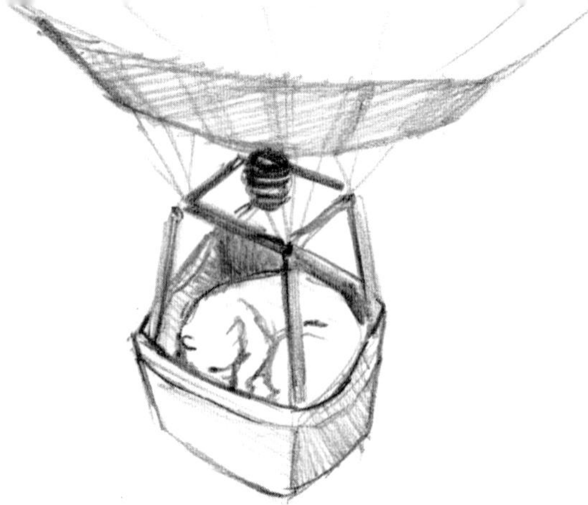

Voilà maintenant cinq jours qu'elle marche.
Le paysage change peu à peu, mais la nature est
encore bien trop verte à son goût. Et elle se sent si fatiguée...
Soudain, une chose étrange apparaît au loin. Elle plisse
les yeux : serait-ce un petit pois planté dans une fourchette ?
En s'approchant, elle comprend enfin : c'est un cadeau venu du ciel !

Ursula se place dans la nacelle.
Le ballon se gonfle, respire et s'envole.
Le paysage défile sous son regard émerveillé.
Il fait de plus en plus froid.
Voilà Ursula rassurée.
Elle se blottit dans le nid en osier
et entame une sieste bien méritée.

La cacophonie des oies qui cacardent la réveille un peu plus tard.
– Bonjour, mesdames, suis-je bien en direction du Grand Nord ? demande Ursula.
– Presque, répond l'oie de tête.
– Vous n'avez qu'à suivre la flèche, ajoute une autre.

Ursula se laisse aspirer dans le sillage des oies. Quand celles-ci ne discutent pas, on entend seulement les ailes qui chahutent le vent. Tout se passe à merveille.
– Pourquoi avez-vous migré plus tôt, l'hiver dernier ? demande Ursula.
– On s'est trompé ! répond sèchement l'une d'entre elles.
– L'erreur est humaine ! réplique une autre.

Ursula n'insiste pas. Pour s'occuper, elle détaille la géométrie des champs : triangle, rectangle, hepta…
Soudain, dans un hexagone, elle distingue une forme sombre qui se déplace : un ours brun ! Cela fait bien longtemps qu'elle n'a pas vu de semblable. Elle se dépêche d'entamer la descente. L'atterrissage n'est pas aussi doux qu'elle l'espérait…

– Bonjo…

Les deux ours se regardent, estomaqués.

– Une ourse blanche déguisée en ourse brune ! s'exclame Ursula.

– Une ourse brune déguisée en ourse blanche ! répond l'autre ourse.

Toutes deux s'examinent comme
si elles se découvraient dans un étrange miroir.
– Je m'appelle Anouk. Je n'ai pas dormi de l'hiver.
Le vol tardif des sternes articques annonçait une saison clémente.
Je ne me suis donc pas assez couverte pour mon hivernation.
Je n'ai pas pris de couette ! Je n'ai pas mis de pyjama, ni de chaussettes !
Je me suis tondu la fourrure ! J'ai découvert le toit de mon igloo !
Je n'ai pas mangé assez de poissons !
Bref, j'ai eu trop froid… Alors je me suis déguisée en ourse brune
pour aller me réchauffer dans le Sud et manger du miel incognito.

Ursula narre à son tour son histoire. Il y a un bref silence.
Puis les deux ourses éclatent de rire : quelle situation invraisemblable !
Elles ont du mal à reprendre leur respiration.
Au moment où elles parviennent à se calmer, de grosses gouttes se mettent à claquer sur la terre et se transforment en un rideau de pluie. En quelques secondes, les deux ourses changent de couleur.

– Tant pis pour l'hivernation printanière ! lance Ursula, finalement contente de retrouver sa fourrure sombre.
Anouk se regarde elle aussi blanchir avec plaisir. Les couleurs se diluent peu à peu, le noir et le blanc se mélangent sur le sol.
La douce pensée du retour à la maison convainc vite les deux voyageuses de renoncer à leur projet.

Ursula et Anouk se quittent avec des adieux chaleureux, l'une vers le Sud, l'autre vers le Nord. Le sourire aux lèvres, Ursula rebrousse chemin avec entrain. Tant pis pour son sommeil, elle dormira mieux l'année prochaine !
Pour l'heure, elle se délecte à l'avance de la surprise qu'elle va faire à Léo...

Quelle que soit la saison, la nature a toujours raison.

Mordre à l'hameçon

Aujourd'hui, Anselme est rentré tard de sa pêche
au lac des quatre vents...
Il est encore tout retourné par l'expérience qu'il vient de vivre :
il a eu au bout de sa ligne pendant quelques instants
un poisson énorme !
gigantesque !
Un monstre !

Anselme est obnubilé. Il se passe en boucle la scène
du bouchon qui coule au fil qui casse,
du bouchon qui coule au fil qui casse,
du bouchon qui coule au fil qui...

La lumière du jour qui se glisse entre les rideaux réveille Anselme.
Il a rêvé toute la nuit.

Il prend son thé et ses tartines ramollies préparées la veille.
Pas besoin d'enlever son pyjama puisqu'il s'est couché tout habillé !

Anselme découvre avec satisfaction que le temps est idéal :
vent nul, température stable, hydrométrie parfaite !
Il sort avec sa plus grosse canne en bambou et une ligne incassable.

En se dirigeant vers la lisière de la forêt, il passe devant l'étang du bois vert où il aperçoit Raoul qui pêche.

– Tu viens pêcher avec moi ? demande Raoul.

– Les poissons rouges ne m'intéressent pas ! répond Anselme.

– Pourquoi as-tu une si grosse canne en bambou ? interroge Raoul. Il n'y a pas de baleine par ici !

Anselme ne veut rien dévoiler et préfère poursuivre son chemin.

Alors qu'il longe la rivière, il aperçoit Lucas, installé dans son parapluie, pêchant en descendant au rythme du courant.

– Tu viens pêcher avec moi ? demande Lucas.

– La truite ne m'intéresse pas !

– Pourquoi as-tu un fil et un hameçon si gros ? remarque Lucas.

– Et toi, pourquoi as-tu de si grandes oreilles ? réplique Anselme.

Lucas réfléchit à sa réponse, mais Anselme a déjà disparu.

Après une longue marche à travers bois, il rejoint les plaines et finit enfin par découvrir une légère brume qui cache le plan d'eau. Sa barque l'attend, blottie dans les roseaux clairsemés. Pas une ride sur l'eau, pas un souffle de vent, le silence absolu.

Tout doucement, sur la pointe des pieds, il embarque, mais le maudit craquement du bois trahit sa présence.

Il se laisse glisser à petits coups de rames jusqu'au centre du lac, là où plus personne n'a pied. Il monte sa ligne et accroche sur l'hameçon un ver grassouillet.
Le petit plouf du bouchon dans l'eau donne le coup d'envoi.

Anselme a les yeux fixés sur le bouchon rouge, prêt à détecter le moindre mouvement.

Tout à coup, des petits ronds dans l'eau se forment
autour du bouchon.
Anselme sait que ce n'est pas le monstre attendu,
mais il lève quand même d'un coup bref sa canne.
Il ferre le poisson gourmand.

Ce n'est qu'une petite carpe qui se débat au bout de la ligne.

Anselme enlève l'hameçon et s'apprête à mettre la carpe dans sa bourriche lorsque celle-ci se manifeste :
– Je vous prierais, cher Monsieur, de bien vouloir me remettre à l'eau.
Anselme est surpris, il avait toujours cru que les carpes étaient muettes !
– Comment ! Mais n'y comptez pas, insolente !
Ce n'est pas parce qu'il est là pour une grosse prise qu'il va se priver d'une petite friture !
Le poisson insiste :
– Relâchez-moi et je réaliserai le plus incroyable de vos souhaits.
Après une courte réflexion, Anselme se dit que cette carpe bavarde est bien singulière et que ce marché est peut-être sincère.
– Eh bien... je voudrais pêcher le plus gros poisson de cet étang.
– C'est entendu, conclut la carpe.

Anselme, heureux de cet accord, remet délicatement à l'eau la petite carpe, qui disparaît dans les profondeurs de l'étang.

Anselme tremble d'excitation et d'appréhension.
Les minutes passent et soudain apparaît à la surface son bouchon vert que le gros poisson a emporté hier.

Comme la foudre qui frappe, le bouchon rouge coule et s'enfonce dans les eaux troubles.
Le cœur d'Anselme bat comme un tambour.

Il relève sa canne, mais elle se cabre soudainement.
Il laisse du mou, mais la ligne se tend, se tend...
Il résiste, mais la puissance du monstre à nageoires semble incontrôlable.

Anselme s'accroche. Surtout, ne pas lâcher...

Splash!

Tout est trouble ! L'eau glacée saisit son corps entier.
Notre malheureux pêcheur sort la tête hors de l'eau
et reprend sa respiration.
Les bouchons rouge et vert passent au loin,
suivis de la canne en bambou.
La pêche, c'est fini pour aujourd'hui !

À trop en vouloir, on finit par ne plus rien avoir.

ISBN : 978-2-324-00027-0
Dépôt légal : octobre 2011
Olivier Desvaux
http://desvauxolivier.blogspot.com/
Coordination éditoriale : Chantal Janisson
Éditorial : Emmanuelle Radiguer
Conception graphique : Maryvonne Denizet
Photogravure : COMPO RIVE GAUCHE
Texte composé en GaramondInfant
Imprimé en France par Pollina - L58062
Loi n° 49-956 du 16 juillet 1949 sur les publications destinées à la jeunesse

Éditions Gründ – 60, rue Mazarine – 75006 Paris
www.grund.fr